First Step in Phonics

4

Long Vowels

Clue & Key

Contents

Long Vowel a

 Listen and chant. 02

♪ c ⸱⸱ ake ⸱⸱ cake ⸱⸱ cake ⸱⸱ cake ⸱⸱ cake
t ⸱⸱ ape ⸱⸱ tape ⸱⸱ tape ⸱⸱ tape ⸱⸱ tape
g ⸱⸱ ate ⸱⸱ gate ⸱⸱ gate ⸱⸱ gate ⸱⸱ gate

☆ **Match.**

AB **Listen and repeat. Then write.** 💿 03

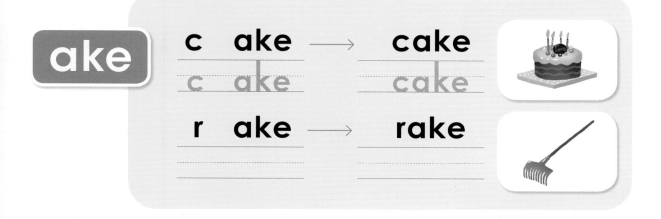

ake

c ake → cake

c ake → cake

r ake → rake

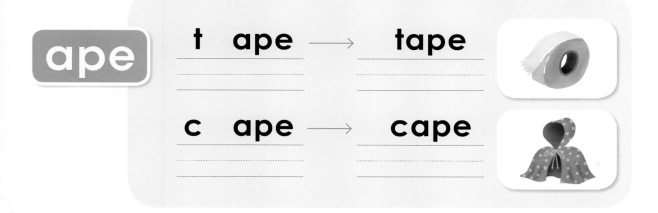

ape

t ape → tape

c ape → cape

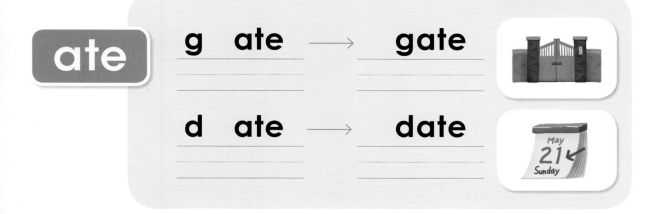

ate

g ate → gate

d ate → date

Circle and write.

1

c a p （c a k e） t

c	a	k	e

2

t c a p e b a

3

r t a t a p e k

4

d a t e p a k

 Color the pictures that rhyme.

1

2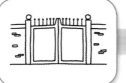

3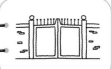

 Trace and circle.

1 **cake**

2 date

3 gate

4 cape

5 tape

6 rake

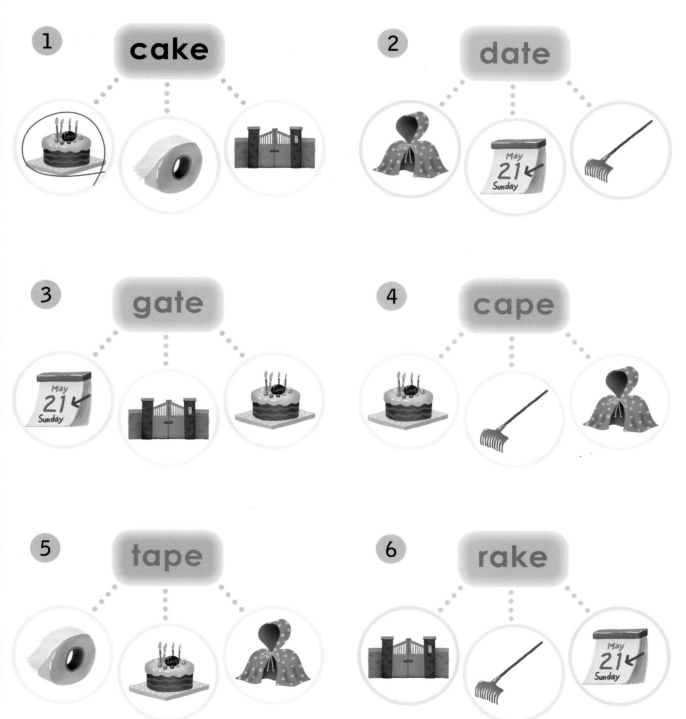

Listen and read aloud. 04~05

I bake a cake.

I need tape.

I fly to the gate with the cake.

I give it to my friend.

Write.

1  c a k e

2 g [ ] t [ ]

3 t [ ] [ ] [ ]

4 c [ ] [ ] [ ]

Listen and check if they rhyme. ⊙ 06

1  ✓

2

Listen and circle. ⊙ 07

1 **cape** / tape

2 cake / rake

3 date / gate

Listen and number. ⊙ 08

1

9

Listen and chant. 09

 n + ame →

 c + ane →

 v + ase →

n ame name name name name
c ane cane cane cane cane
v ase vase vase vase vase

Match.

•   •   •

•   •   •

vase   cane   name

 Listen and repeat. Then write. ◉ 10

ame

n ame ⟶ name

g ame ⟶ game

ane

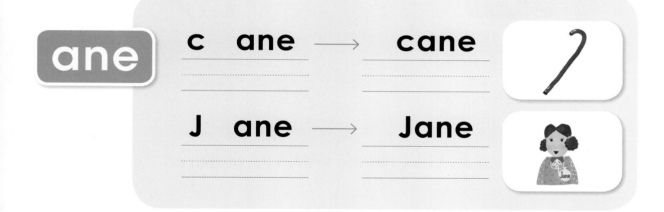

c ane ⟶ cane

J ane ⟶ Jane

ase

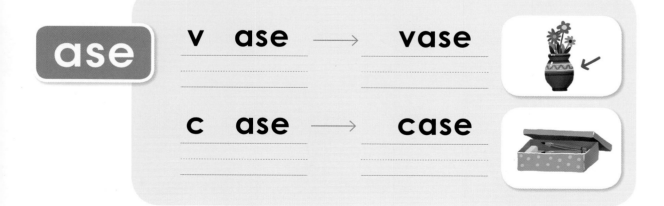

v ase ⟶ vase

c ase ⟶ case

11

Circle and write.

1

m c a s e t s

2

a J a n e c t

3
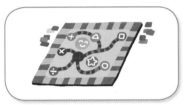
g a m e n e m

4

h a e c a n e

Circle the words that rhyme with the pictures.

1

vase   game   Jane

2

case   cane   game

3
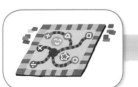
Jane   name   vase

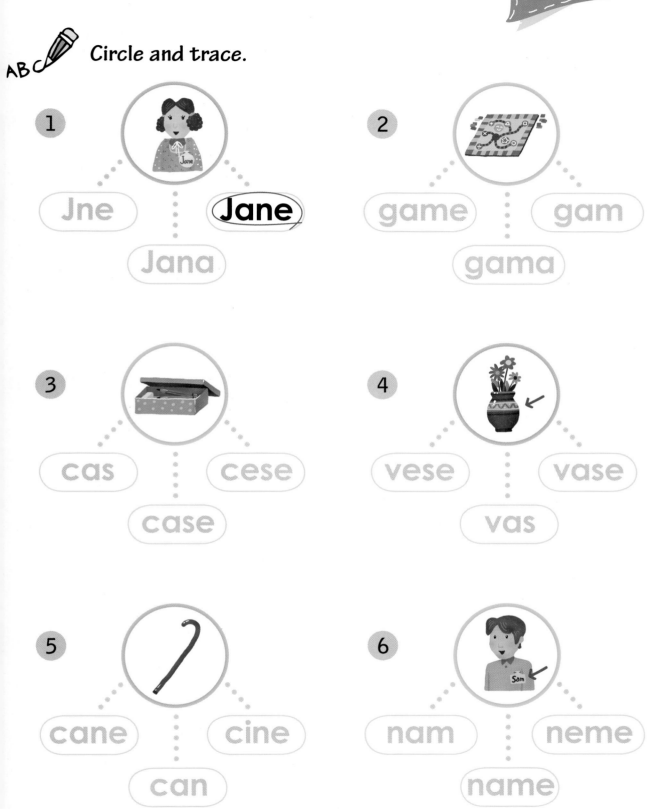

Circle and trace. ABC

1. Jne   **Jane**   Jana

2. game   gam   gama

3. cas   cese   case

4. vese   vase   vas

5. cane   cine   can

6. nam   neme   name

Listen and read aloud. 11~12

Here are Jane and Jane.

They have the same name.

They have the same case.

They play the game together.

Write.

1 c a
2 n   m

3 c   e
4 J

Listen and check if they rhyme. ◎ 13

1
2

Listen and circle. ◎ 14

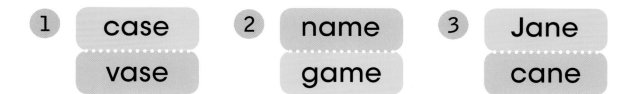

1 case / vase
2 name / game
3 Jane / cane

Listen and number. ◎ 15

Unit 03 Long Vowel **i**

Listen and chant. 16

t + **ime** →

p + **ipe** →

p + **ine** →

t ime time time time time
P ine pine pine pine pine
P ipe pipe pipe pipe pipe

Match.

pine   time   pipe

16

 Listen and repeat. Then write. 🔘 17

ime

t ime ⟶ time

l ime ⟶ lime

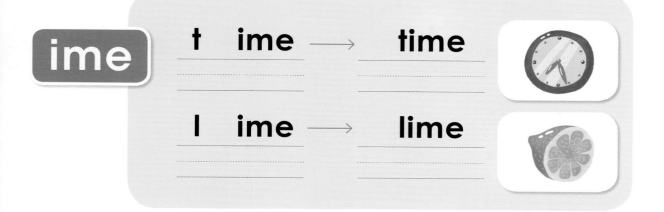

ine

p ine ⟶ pine

l ine ⟶ line

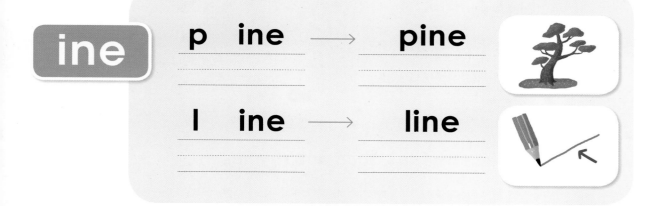

ipe

p ipe ⟶ pipe

w ipe ⟶ wipe

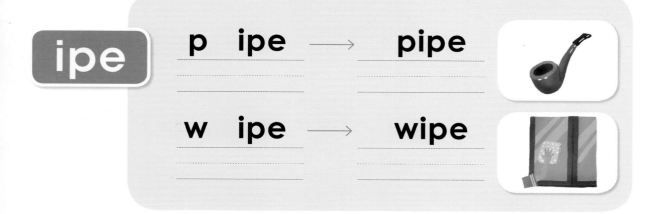

Circle and write.

1

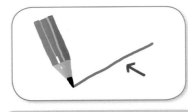

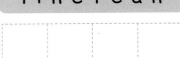

l i n e t e a n

2

t e t i m e p

3

m t p i n e a k

4

s p i p e p i e

☺ ☒ **Cross out the one that does not rhyme.**

1

2

Trace and circle.

1 **line**

2 **lime**

3 **pine**

4 **pipe**

5 **wipe**

6 **time**

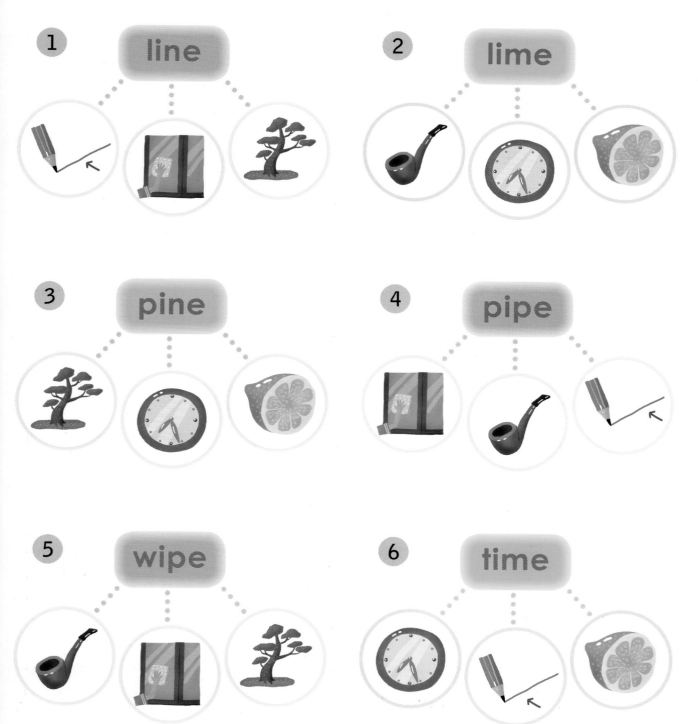

Listen and read aloud. 18~19

I draw a lime on the window.

I draw a pipe on the window.

I draw a pine on the window.

Oh, no! Mom wipes the window.

Write.

1  p ☐ n ☐

2  t ☐ e

3 ☐ ☐ m ☐

4 w ☐ ☐ ☐

Listen and check if they rhyme. 20

1

2

Listen and circle. 🔘 21

1 wipe
pipe

2 lime
time

3 line
pine

Listen and number. 🔘 22

Listen and chant. 🔘 23

b ~ ike ~ bike ~ bike ~ bike ~ bike

t ~ ire ~ tire ~ tire ~ tire ~ tire

f ~ ive ~ five ~ five ~ five ~ five

Match.

five   tire   bike

 Listen and repeat. Then write. 24

ike

b ike ⟶ bike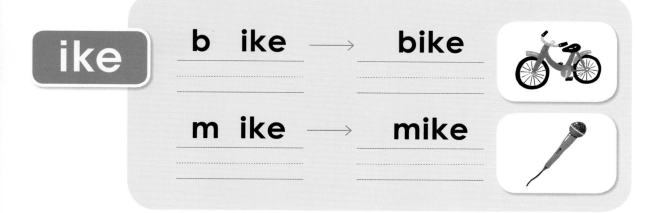

m ike ⟶ mike

ire

t ire ⟶ tire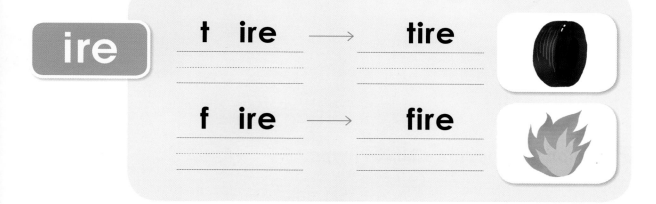

f ire ⟶ fire

ive

f ive ⟶ five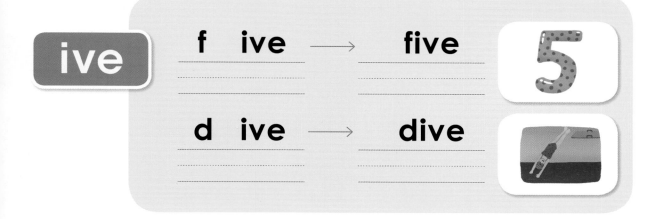

d ive ⟶ dive

Circle and write.

1

v f i v e s t m

2

m e x v d i v e

3

k c a b i k e d

4

r f i r e e f a

Color the pictures that rhyme.

1

2
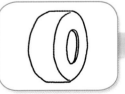 

3

Circle and trace.

1
fire   fare
fir

2
mik   maki
mike

3
dave   dive
div

4
fiv   five
fave

5
tire   tir
tiri

6
bike   bak
bik

Phonics Story

 Listen and read aloud. 25~26

Write.

1  f ☐ ☐ ☐

2 5 ☐ ☐ v ☐

3 b ☐ ☐ ☐

4 d ☐ ☐ ☐

Listen and check if they rhyme. ◎ 27

1  ☐

2  ☐

Listen and circle. ◎ 28

1 tire
   fire

2 bike
   mike

3 five
   dive

Listen and number. ◎ 29

○    ○    ○    ○

REVIEW

ake **ape** **ate** **ame** **ane** **ase**

ime **ine** **ipe** **ike** **ire** **ive**

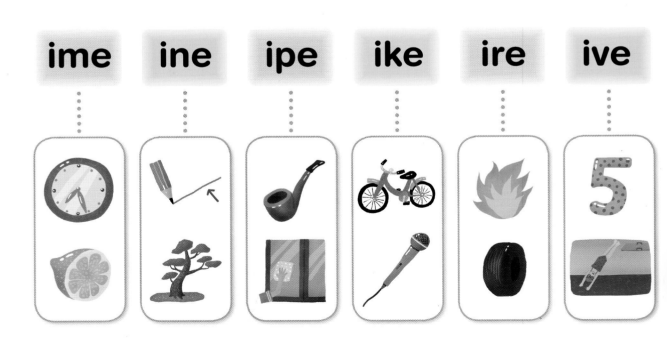

Write the words.

lime name rake game
gate tape vase dive
bike Jane mike cape
pipe tire five line

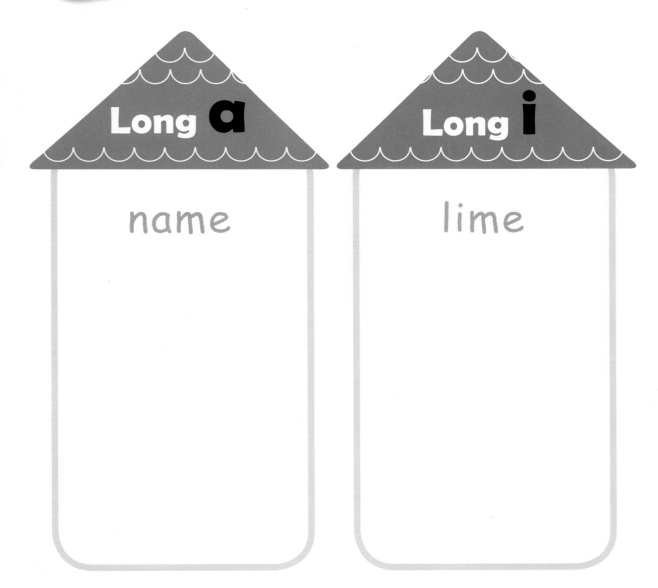

Long **a**

name

Long **i**

lime

ABC Complete the puzzles.

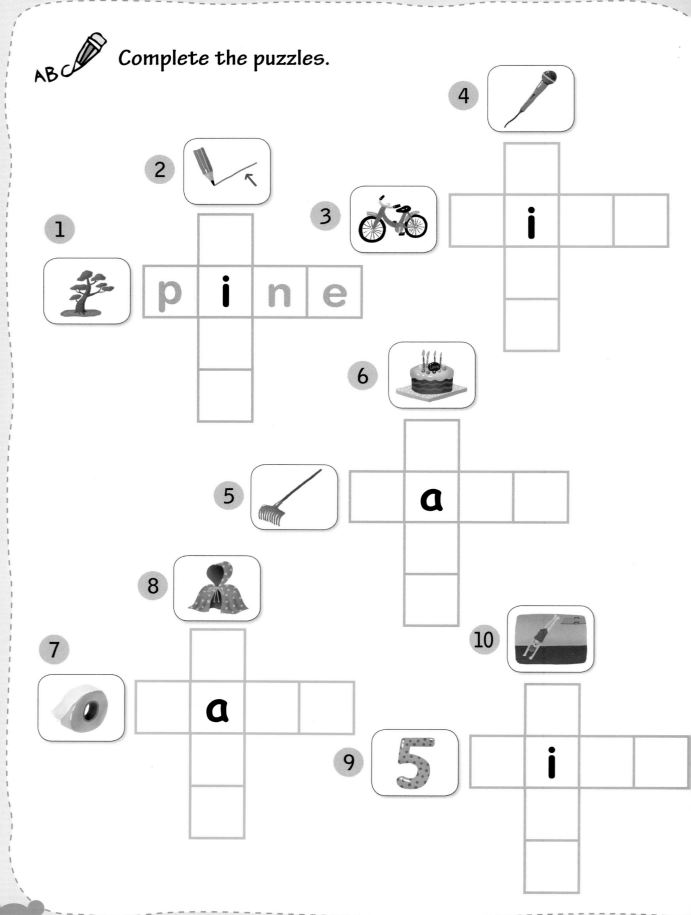

Check the correct pictures.

1 | a pine and a pipe

✓ ○

2 | fire and five

○ ○

3 | Her name is Jane.

○ ○

4 | The cake is in the case.

○ ○

5 | He wipes the window.

○ ○

6 | She wears the cape.

○ ○

7 | The rake is on the pine.

○ ○

8 | The mike is by the tire.

○ ○

Listen and circle the words you hear.
Then write the words below. 31

cake | | | game |

| time | |

Read as fast as you can.

Long Vowel

Long Vowel

rake rake rake cake
gate date date gate
cape tape tape cape
rake date cape gate

name game name game
cane Jane cane Jane
vase vase vase case
Jane game case cane

line line pine pine
lime time lime time
pipe wipe pipe pipe
wipe wipe line time

fire tire fire fire
five dive dive five
bike mike bike mike
fire dive mike five

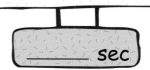
_____ sec

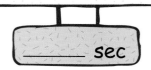
_____ sec

 **Read aloud.**

My name is Jane.
I bake a cake.
The cake looks like a mike.

Long Vowel e

 Listen and chant. 🔘 32

 →

→

s ‥ ea ‥ sea ‥ sea ‥ sea ‥ sea

b ‥ ee ‥ bee ‥ bee ‥ bee ‥ bee

Match.

sea

bee

 Listen and repeat. Then write. 🔘 33

ea

s ea → sea

l eaf → leaf

s eal → seal

ee

b ee → bee

j eep → jeep

f eet → feet

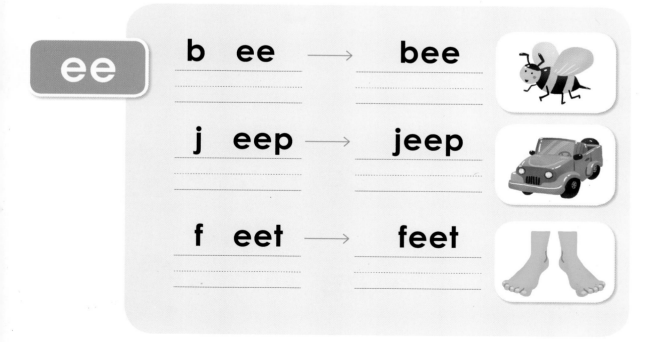

Unscramble and write.

1

e b e

☐ ☐ ☐

2

l a e s

☐ ☐ ☐ ☐

3

e e t f

☐ ☐ ☐ ☐

4

f a l e

☐ ☐ ☐ ☐

Match.

 •

• **ea** •

 •

• **ee** •

Trace and circle.

1 bee

2 sea

3 jeep

4 leaf

5 seal

6 feet

Phonics Story

Listen and read aloud. 34~35

Write.

1  `s` `e` ☐ ☐

2  ☐ ☐ ☐ `t`

3 `l` ☐ ☐ ☐

4 `j` ☐ ☐

Listen and check if they rhyme. 🎧 36

1  ☐

2  ☐

Listen and circle. 🎧 37

1 jeep / feet

2 seal / sea

3 leaf / bee

Listen and number. 🎧 38

Listen and chant. 💿 39

t - ube - tube - tube - tube - tube

J - une - June - June - June - June

c - ute - cute - cute - cute - cute

Match.

cute   June   tube

 Listen and repeat. Then write. 40

ube

t ube ⟶ tube

c ube ⟶ cube

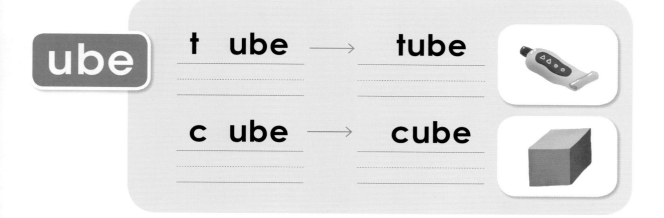

une

J une ⟶ June

t une ⟶ tune

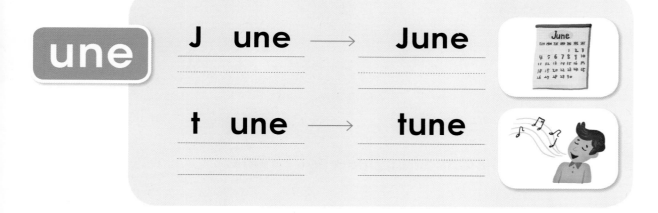

ute

c ute ⟶ cute

m ute ⟶ mute

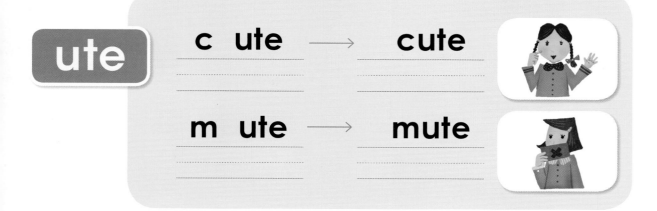

Unscramble and write.

1

u e t n

2

e t m u

3

J e n u

4

e t u b

☺ ⊗ Cross out the one that does not rhyme.

1
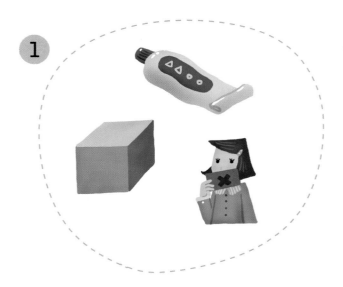

2

Practice

ABC 🖊 **Circle and trace.**

1   tub   tube   tubu

2   tune   tun   tone

3   mut   mutt   mute

4   June   Jane   Jun

5   cebu   cube   cub

6   coot   cut   cute

Phonics Story

 Listen and read aloud. 🔘 41~42

June's birthday is in June.

June likes the cute cube.

June likes the beautiful tune.

June is happy on her birthday.

Write.

1  t u ☐ ☐

2 t ☐ ☐ ☐

3 ☐ ☐ t ☐

4 m ☐ ☐ ☐

Listen and check if they rhyme. ⊙ 43

1 ☐

2 ☐

Listen and circle. ⊙ 44

1 tune
June

2 tube
cube

3 mute
cute

Listen and number. ⊙ 45

Listen and chant. 46

b + **one** →

r + **ope** →

v + **ote** →

b one bone bone bone bone

r ope rope rope rope rope

v ote vote vote vote vote

Match.

•   •   •

•   •   •

bone   vote   rope

 Listen and repeat. Then write. ⊙ 47

one

b one ⟶ bone

c one ⟶ cone

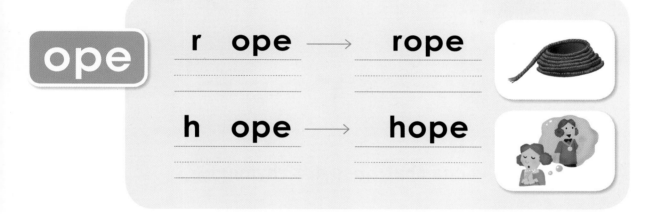

ope

r ope ⟶ rope

h ope ⟶ hope

ote

v ote ⟶ vote

n ote ⟶ note

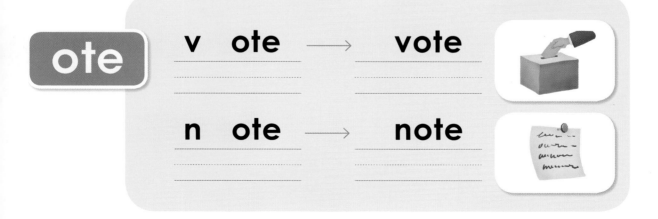

Unscramble and write.

1

n e o c

2

e t n o

3

b n e o

4

r e o p

☺ ☒ Cross out the one that does not rhyme.

1

2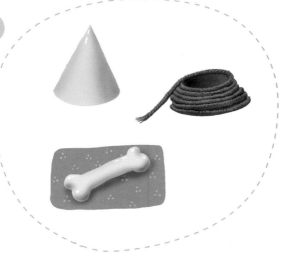

48

Trace and circle.

1 **rope**

2 **note**

3 **hope**

4 **cone**

5 **vote**

6 **bone**

Phonics Story

 Listen and read aloud. 48~49

Write.

1  c ▢ e

2  b ▢ ▢ ▢

3 v ▢ ▢ ▢

4  r ▢ ▢ ▢

Listen and check if they rhyme. 50

1

2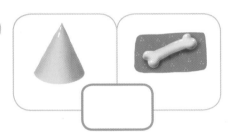

Listen and circle. 51

1 rope
  hope

2 vote
  note

3 bone
  cone

Listen and number. 52

 **Listen and chant.** ⊙ 53

h + **ole** →	
h + **ome** →	
n + **ose** →	

h ⸱⸱ ole   hole   hole   hole   hole
h ⸱⸱ ome   home   home   home   home
n ⸱⸱ ose   nose   nose   nose   nose

Match.

•   •   •

•   •   •

home   **nose**   **hole**

 Listen and repeat. Then write. 🔘 54

ole

h ole ⟶ hole

m ole ⟶ mole

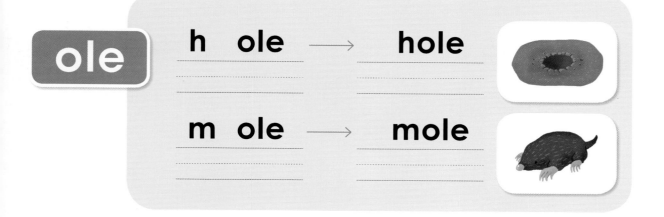

ome

h ome ⟶ home

d ome ⟶ dome

ose

n ose ⟶ nose

r ose ⟶ rose

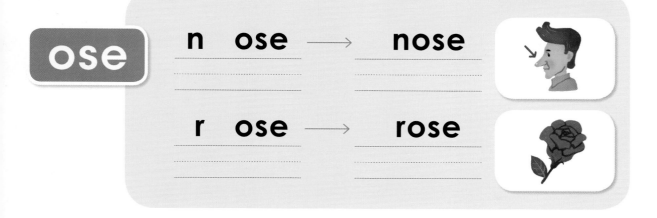

Unscramble and write.

1

r e s o

⬡ ⬡ ⬡ ⬡

2

m o e h

⬡ ⬡ ⬡ ⬡

3

l m o e

⬡ ⬡ ⬡ ⬡

4

o s e n

⬡ ⬡ ⬡ ⬡

 Circle the words that rhyme with the pictures.

1

mole　dome　nose

2

hole　rose　home

3

rose　hole　mole

ABC ✏ **Circle and trace.**

1   nous   nos
        nose

2   dome   dom
        domn

3   ros   rose
        rese

4   mol   mole
        mule

5   hom   heme
        home

6   hole   hol
        hule

Phonics Story

 Listen and read aloud. 55~56

Rosy Mole goes to the hole.

This hole is Rosy Mole's home.

She goes into the hole.

She loves her home.

Write.

1. h ☐ ☐ e
2. d ☐ ☐ ☐

3. ☐ ☐ l ☐
4. n ☐ ☐ ☐

Listen and check if they rhyme. ◉ 57

1
2

Listen and circle. ◉ 58

1. home / dome
2. hole / mole
3. nose / rose

Listen and number. ◉ 59

REVIEW

 Listen and repeat. 🔘 60

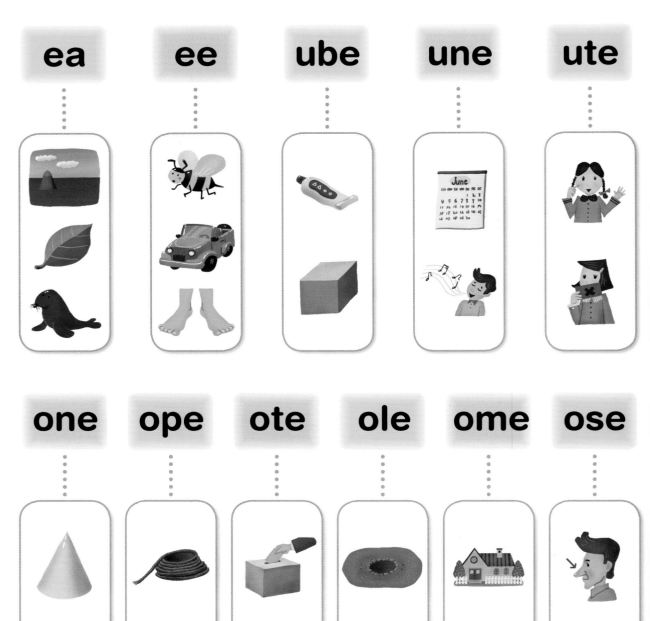

ea ee ube une ute

one ope ote ole ome ose

Write the words.

bee   dome   tube   bone

rope   sea   mole   leaf

cute   feet   note   home

mute   June   seal   rose

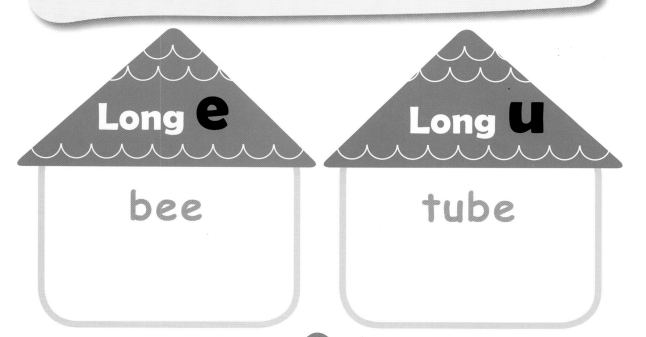

Long e

bee

Long u

tube

Long o

dome

AB ✏️ Complete the puzzles.

1. j **e** e p

Check the correct pictures.

1. a cube and a tube

2. a cone and a bone

3. The seal is cute.

4. There are five moles.

5. June has a rope.

6. It has a nose.

7. A bee is on the rose.

8. A bone is in the hole.

Listen and circle the words you hear.
Then write the words below. 61

beeeaejeepigssealeretubebeocutepuropeonsconeasrbonewernosepothole

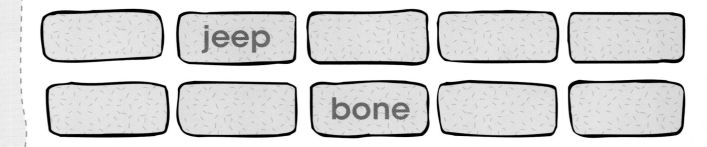

| | jeep | | | |
| | | bone | | |

Read as fast as you can.

Long Vowel

e&u

jeep feet feet feet
feet bee jeep jeep
sea leaf leaf sea
seal seal seal sea

tube cube tube cube
June tune June June
cute mute mute cute
tube cube June mute

_____ sec

Long Vowel

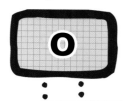
o

hope hope hope rope
note note note vote
cone bone cone cone
note hope bone cone

nose rose rose nose
mole hole mole hole
home home dome dome
dome rose mole hole

_____ sec

 **Read aloud.**

There is a seal.

The seal has a rose.

The seal gives it to the bee.

Word Review

 Read and write the words.

 cake

 rake

 tape

 cape

 gate

 date

 name

 game

 cane

 Jane

 vase

 case

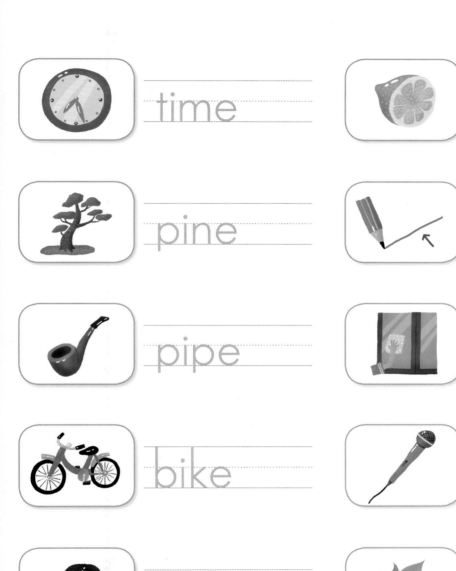

time

lime

pine

line

pipe

wipe

bike

mike

tire

fire

five

dive

Read and write the words.

 sea

 leaf

 seal

 bee

 jeep

 feet

 tube

 cube

 June

 tune

 cute

 mute

 bone

 cone

 rope

 hope

 vote

 note

 hole

 mole

 home

 dome

 nose

 rose

Glossary

Unit 01

cake
rake
tape
cape
gate
date

Unit 02

name
game
cane
Jane
vase
case

Unit 03

time
lime
pine
line
pipe
wipe

Unit 04

bike
mike
tire
fire
five
dive

Unit 05

sea
leaf
seal
bee
jeep
feet

Unit 06

tube
cube
June
tune
cute
mute

Unit 07

bone
cone
rope
hope
vote
note

Unit 08

hole
mole
home
dome
nose
rose

First Step in Phonics

Workbook

4

Long Vowels

Clue & Key

Contents

Long Vowel a

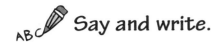 Say and write.

c ake

cake

t ape

tape

g ate

gate

r ake

rake

c ape

cape

d ate

date

🖊 **Circle and write.**

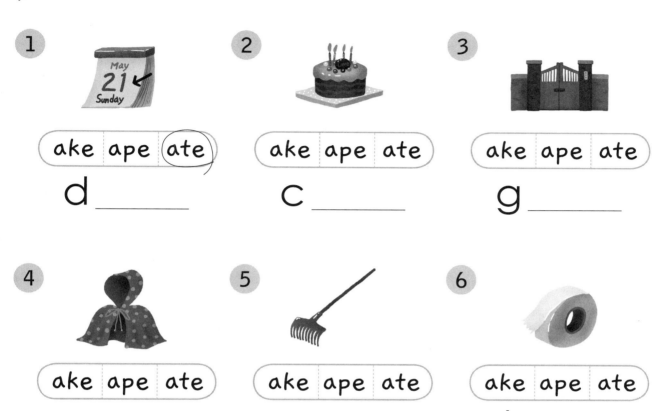

1   ake   ape   (ate)
    d _____

2   ake   ape   ate
    c _____

3   ake   ape   ate
    g _____

4   ake   ape   ate
    c _____

5   ake   ape   ate
    r _____

6   ake   ape   ate
    t _____

☆✗☽ **Write and match the rhyming pairs.**

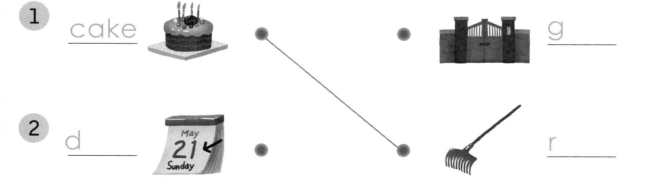

1   cake   •   •   g ____

2   d ____   •   r ____

 Write.

cake gate tape rake date cape

1 _____

2 _____

3 _____

4 _____

5 _____

6 _____

Number and trace.

2 I need tape.

1 I bake a cake.

☐ I give it to my friend.

☐ I fly to the gate with the cake.

4

Long Vowel a

 Say and write.

| n | ame |

name

| c | ane |

cane

| v | ase |

vase

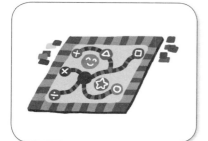

| g | ame |

game

| J | ane |

Jane

| c | ase |

case

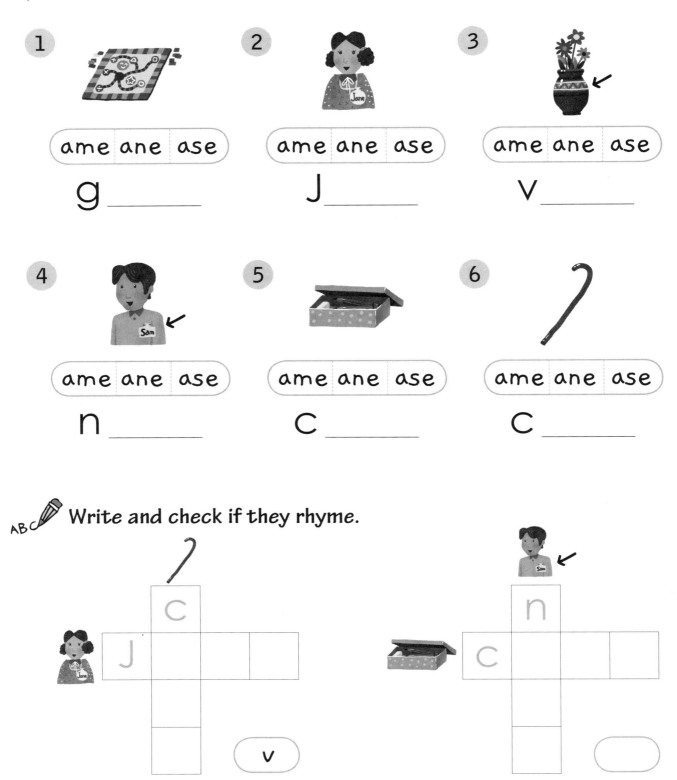

Circle and write.

1
(ame | ane | ase)
g _____

2
(ame | ane | ase)
J_____

3
(ame | ane | ase)
v_____

4
(ame | ane | ase)
n _____

5
(ame | ane | ase)
c _____

6
(ame | ane | ase)
c _____

ABC Write and check if they rhyme.

c
J

(v)

n
c

( )

 Write.

name   cane   vase   game   Jane   case

1 _____

2 _____

3 _____

4 _____

5 _____

6 _____

Number and trace.

[ ] They play the game together.

[ ] They have the same case.

[1] Here are Jane and Jane.

[2] They have the same name.

Long Vowel **i**

AB 🖊 Say and write.

t	ime

p	ine

p	ipe

time

pine

pipe

l	ime

l	ine

w	ipe

lime

line

wipe

Circle and write.

1

(ime | ine | ipe)

l_____

2

(ime | ine | ipe)

l_____

3

(ime | ine | ipe)

p_____

4

(ime | ine | ipe)

p_____

5

(ime | ine | ipe)

w_____

6

(ime | ine | ipe)

t_____

 Write and match the rhyming pairs.

1 p_____  •

• 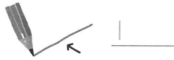 l_____

2 p_____ •

• w_____

pine   time   pipe   line   lime   wipe

1 🕐 _____

2 _____

3 _____

4 _____

5 _____

6 _____

ABC ✏ Number and trace.

1	I draw a lime on the window.
□	Oh, no! Mom wipes the window.
2	I draw a pipe on the window.
□	I draw a pine on the window.

 Say and write.

b	ike

bike

t	ire

tire

f	ive

five

m	ike

mike

f	ire

fire

d	ive

dive

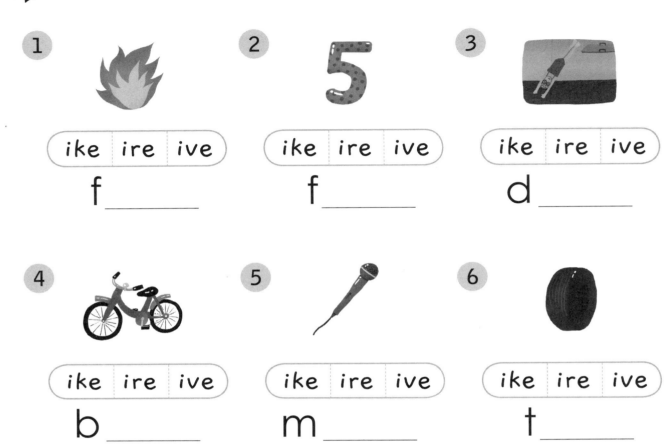

✏️ Circle and write.

1. (ike | ire | ive)   f____

2. (ike | ire | ive)   f____

3. (ike | ire | ive)   d____

4. (ike | ire | ive)   b____

5. (ike | ire | ive)   m____

6. (ike | ire | ive)   t____

ABC✏️ Write and check if they rhyme.

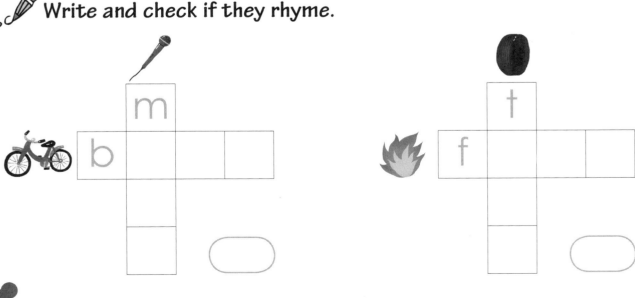

m
b

t
f

ABC✎ **Write.**

tire   five   bike   fire   dive   mike

1 _____

2 _____

3 _____

4 _____

5 _____

6 _____

ABC✎ **Number and trace.**

☐ It looks like a mike.

4 It's a bike. I like to ride a bike.

☐ It looks like a tire. What is it?

1 It looks like five.

Long Vowel e

ABC 🖊 *Say and write.*

| s | ea |

| l | eaf |

| s | eal |

sea

leaf

seal

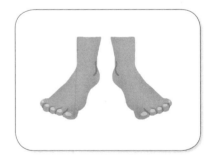

| b | ee |

| j | eep |

| f | eet |

bee

jeep

feet

✎ **Circle and write.**

1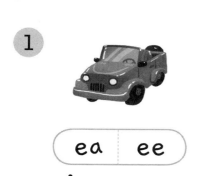

(ea | ee)

j____p

2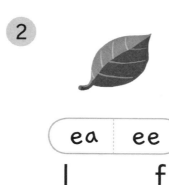

(ea | ee)

l____f

3

(ea | ee)

s____l

4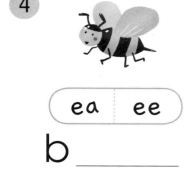

(ea | ee)

b_____

5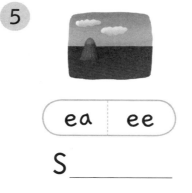

(ea | ee)

s_____

6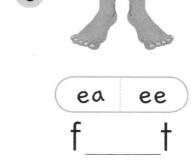

(ea | ee)

f___t

ABC✎ **Write.**

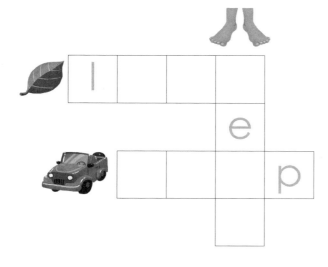

bee   sea   jeep   leaf   feet   seal

1

2

3

4

5

6

AB **Number and trace.**

| 1 | Bee, what do you see? I see the green leaf. |

| | The bee and the seal are friends. |

| 2 | Bee, what do you see? I see the sea. |

| | Bee, what do you see? I see the seal. |

16

Long Vowel **u**

 Say and write.

t **ube**

tube

J **une**

June

c **ute**

cute

c **ube**

cube

t **une**

tune

m **ute**

mute

✏️ Circle and write.

1
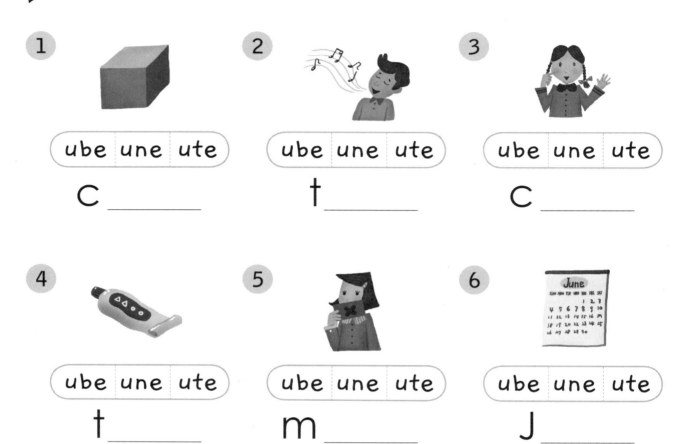
ube | une | ute

c _____

2
ube | une | ute

t _____

3
ube | une | ute

c _____

4
ube | une | ute

t _____

5
ube | une | ute

m _____

6
ube | une | ute

J _____

ABC ✏️ Write and check if they rhyme.

 **Write.**

tube   June   cute   cube   tune   mute

1 _____

2 _____

3 _____

4 _____

5 _____

6 _____

Number and trace.

☐ June likes the beautiful tune.

1 June's birthday is in June.

☐ June likes the cute cube.

4 June is happy on her birthday.

 **Unit 07** **Long Vowel O**

 Say and write.

b **one**

bone

r **ope**

rope

v **ote**

vote

c **one**

cone

h **ope**

hope

n **ote**

note

✏️ **Circle and write.**

1

(one | ope | ote)

h ____

2

(one | ope | ote)

b ____

3

(one | ope | ote)

c ____

4

(one | ope | ote)

r ____

5

(one | ope | ote)

n ____

6

(one | ope | ote)

v ____

⭐✖️ **Write and match the rhyming pairs.**

1 v ____ •   • b ____

2 c ____ •   • n ____

 **Write.**

> rope   vote   bone   hope   note   cone

1 _____

2 _____

3 _____

4 _____

5 _____

6 _____

Number and trace.

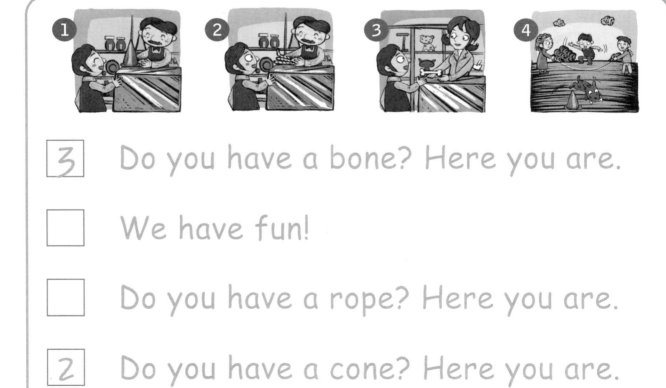

[3] Do you have a bone? Here you are.

[ ] We have fun!

[ ] Do you have a rope? Here you are.

[2] Do you have a cone? Here you are.

Long Vowel O

 Say and write.

h **ole**

hole

h **ome**

home

n **ose**

nose

m **ole**

mole

d **ome**

dome

r **ose**

rose

✏️ **Circle and write.**

1

(ole ome ose)
h_____

2

(ole ome ose)
h_____

3

(ole ome ose)
n_____

4

(ole ome ose)
r_____

5

(ole ome ose)
d_____

6

(ole ome ose)
m_____

ABC ✏️ **Write and check if they rhyme.**

 **Write.**

> nose hole home rose mole dome

1 _____

2 _____

3 _____

4 _____

5 _____

6 _____

 **Number and trace.**

 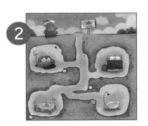  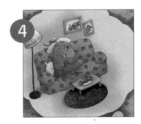

1 2 3 4

4   She loves her home.

    She goes into the hole.

2   This hole is Rosy Mole's home.

    Rosy Mole goes to the hole.

Memo

Memo

Memo